열린어린이 우주 캠프 2
OPENKID SPACE CAMP

별

우주의 반짝이는 보석

김봉규 지음

열린어린이

어두운 밤이에요.
하늘에는 별이 가득해요.
하나, 둘, 셋……
크고 작은 별들이 반짝반짝 빛나요.
동쪽 하늘에서도 서쪽 하늘에서도
수많은 별들이 보석처럼 빛나요.

별, 밤하늘의 보석 경상남도 거제시 남부면 홍포리에서 바라본 밤하늘입니다. 수많은 별들이 밤하늘을 가득 채우고 있습니다. 오른쪽의 크고 밝은 별들은 오리온자리입니다. 오리온자리의 왼쪽으로 별똥별이 떨어지고 있습니다. 별똥별은 우주를 떠돌던 먼지나 작은 돌이 지구에 들어올 때 대기와 마찰을 일으켜 불타며 떨어지는 것입니다.

별은 스스로 빛을 내는 천체입니다. 수소를 태우며 빛을 내지요. 별의 모양은 공처럼 둥그렇습니다. 별의 크기는 어마어마하게 큽니다. 지구의 수십 배에서 수만 배나 되지요. 그러나 지구에서 아주 멀리 떨어져 있어서 우리 눈에는 작은 점으로 보입니다.

지구에서도 크게 보이는 별이 있습니다. 태양입니다. 태양은 다른 별보다 훨씬 가깝게 있어서 크고 밝게 보입니다.

달과 행성도 별일까요?

밤하늘에서는 달이 가장 크고 가장 밝게 빛납니다. 또 크기는 작지만 또렷하게 빛나는 금성과 목성도 찾을 수 있습니다. 그러나 이런 천체는 별이라고 하지 않습니다. 스스로 빛을 내지 못하기 때문입니다. 달과 행성은 태양의 빛을 반사해서 빛나고 있는 것입니다. 태양이 비추지 않으면 달과 행성은 빛나지 못합니다.

별 가족 겨울이면 황소자리의 어깨에서 플레이아데스 성단을 볼 수 있습니다. 이 성단의 이름은 그리스 신화에서 유래되었습니다. 플레이아데스 성단은 수백 개의 별들로 이루어져 있는데, 이 가운데 가장 밝은 아홉 개의 별에는 플레이아데스 자매와 부모의 이름이 붙어 있습니다. 왼쪽의 밝은 두 개의 별은 부모인 아틀라스와 플레이온의 별이고, 중간부터 오른쪽 면에 있는 일곱 개의 별은 플레이아데스 자매의 별입니다. 우리 나라에서는 예로부터 이 별들을 좀생이별이라고 불렀습니다.

멀고 먼 은하의 중심 우리 은하의 중심입니다. 붉은색과 노란색이 소용돌이치는 곳에서 별이 태어납니다. 이곳에서 나온 빛이 주변을 비추고 있습니다. 전체에 퍼져 있는 작고 푸른 점들은 우리 은하의 별들입니다. 우리 은하의 중심은 지구에서 2만 7000광년 떨어져 있습니다. 이렇게 같은 은하에 있는 천체들이라도 그 사이의 거리는 결코 가깝지 않지요. 이 사진은 스피처우주망원경으로 찍은 사진들을 합성한 것입니다.

지구에서 가장 가까운 별은 태양입니다. 태양은 지구에서 1억 5000만 킬로미터 떨어져 있습니다. 지구에서 두 번째로 가까운 별은 프록시마입니다. 프록시마는 지구에서 40조 킬로미터 떨어져 있습니다. 다른 별들은 이보다 훨씬 멀리 떨어져 있습니다.

별의 거리를 잴 때는 광년이라는 단위를 씁니다. 광년이란, 빛이 1년 동안 갈 수 있는 거리를 말합니다. 빛은 1초에 30만 킬로미터를 갑니다. 1년이면 9조 4608억 킬로미터를 갈 수 있지요. 이것은 지구의 둘레를 2억 3000만 번 이상 돌아야 하는 거리입니다. 그러나 광활한 우주에서 이 정도는 아주 가깝다고 할 수 있지요.

별빛이 지구까지 오는 데에도 시간이 걸려요!

광년으로 잰 별까지의 거리는 별빛이 지구까지 오는 데 걸리는 시간이기도 합니다. 프록시마는 지구에서 4.2광년 떨어져 있습니다. 이것은 프록시마의 별빛이 지구에 도착하는 데에 4.2년 걸린다는 말이기도 합니다. 그러니까 우리가 밤하늘에서 보는 프록시마의 별빛은 이미 4.2년 전에 보내진 거랍니다. 우리는 4.2년 전의 프록시마를 보고 있는 셈이지요.

꽃처럼 붉은 별 이 거대한 붉은 별은 외뿔소자리의 V838입니다. 원래 외뿔소자리 V838은 희미하게 빛나는 별이였습니다. 그런데 2002년 초, 알 수 없는 이유로 갑자기 밝아졌습니다. 이때 외뿔소자리 V838의 밝기는 태양의 60만 배나 되었습니다. 별이 밝아지자 별 주변을 꽃잎처럼 둘러싼 먼지 구조도 환히 드러났습니다. 별빛이 퍼져 나가는 모습이 마치 소리가 메아리치는 것 같아서 '빛 메아리'라고 부릅니다. 외뿔소자리 V838은 지구에서 약 2만 광년 떨어져 있습니다.

모든 별은 빛나지만 그 밝기는 별마다 다릅니다.

태양은 아주 밝게 빛납니다. 맨눈으로 보면 절대 안 될 만큼 밝습니다. 그런데 우주에는 태양보다 밝게 빛나는 별이 많습니다. 태양보다 10만 배나 더 밝은 별도 있습니다. 반대로 밝기가 태양의 1000분의 1밖에 되지 않는 별도 있습니다. 이런 별은 망원경을 이용해도 희미하게 보입니다.

왜 태양이 가장 밝게 보일까요?

별빛은 지구에서 별까지의 거리에 따라 다르게 나타납니다. 별의 실제 밝기는 같지만 거리가 멀어질수록 별이 희미하게 보입니다. 굉장히 밝은 별도 거리가 멀어지면 덜 밝아 보입니다. 반면에 덜 밝은 별도 거리가 가까우면 아주 밝게 보이지요. 태양은 아주 밝은 별은 아니지만 다른 어떤 별보다 지구에서 가깝습니다. 그래서 지구에서 보면 태양이 가장 밝은 별처럼 보입니다.

모닥불은 붉은색이고 가스레인지의 불은 푸른색입니다. 불의 색깔이 다른 이유는 불의 온도가 다르기 때문입니다. 붉은색의 모닥불보다 푸른색의 가스레인지 불꽃이 더 뜨겁습니다.

별도 마찬가지입니다. 별은 표면 온도에 따라 색깔이 달라집니다. 붉은 별의 표면 온도는 약 3000도입니다. 이보다 표면 온도가 높은 별은 노란색으로 빛납니다. 더 뜨거운 별은 하얀색을 띱니다. 푸른 별은 가장 뜨거운 별로 표면 온도가 2만 도가 넘습니다.

색색의 별들 다섯쌍둥이 성단 안의 별들이 다양한 색깔을 보여 줍니다. 이것은 별의 표면 온도가 다르기 때문입니다. 붉은 별의 표면 온도가 가장 낮고, 온도가 높아짐에 따라 별은 노란색, 하얀색, 푸른색을 띠게 됩니다.
다섯쌍둥이 성단은 아주 밝은 별을 가진 성단입니다. 그런데 우주의 먼지가 별빛을 가로막고 있어서 보이지 않았지요. 1990년에 적외선망원경을 이용하여 이 성단을 발견하게 되었습니다.

별의 크기는 다양합니다.

지금까지 알려진 별 가운데 가장 큰 별은 큰개자리 VY입니다. 이 별의 지름은 태양의 2000배가 넘습니다. 만약 이 별을 태양의 자리에 놓는다면, 별의 크기가 목성을 넘어 토성까지 이를 것입니다.

가장 작다고 알려진 별은 OGLE-TR-122b입니다. 이 별의 지름은 태양의 10분의 1이 채 되지 않습니다. 태양계에서 가장 큰 행성인 목성보다 조금 더 클 뿐입니다.

목성도 별이 될 수 있을까요?

천체가 빛을 내려면 별의 질량이 태양의 10분의 1, 정확히 100분의 8 이상이 되어야 합니다. 가장 작은 별 OGLE-TR-122b의 질량은 태양의 100분의 9입니다. 이렇게 질량이 작은 별을 적색왜성이라고 합니다. 크기만 보면 목성과 OGLE-TR-122b은 비슷합니다. 그러나 이 작은 별의 질량은 목성의 90배 이상입니다. 목성은 태양계에서는 가장 크고 무거운 행성이지만 별이 되기에는 너무 가벼운 천체입니다.

크고 무거운 별 가운데 노랗게 빛나는 별은 용골자리에서 가장 밝은 별입니다. 용골자리 에타, 또는 에타카리네로 불립니다. 용골자리 에타는 매우 무겁고 크고 밝은 별입니다. 질량은 태양의 100배가 넘고, 크기는 태양의 85~195배로 변하며, 밝기는 태양의 500만 배입니다. 이 별은 무척 무거워서 오래 살지 못합니다. 짧으면 수 년 안에, 길면 수천 년 안에 폭발할 것입니다.

별도 사람처럼 태어나고 자라고 죽음을 맞습니다. 별이 빛을 내기 시작하면 '별이 태어났다'고 합니다.

별은 성운에서 태어납니다. 성운의 밀도가 높은 부분에서 기체와 먼지가 중력에 의해 뭉칩니다. 이 결과, 작은 기체 덩어리가 만들어집니다. 기체 덩어리는 주변의 먼지와 기체를 끌어모으며 커져서 원시별이 됩니다.

원시별의 질량이 태양의 10분의 1 이상이면, 중심에서 수소가 헬륨으로 바뀌는 핵융합 반응이 일어납니다. 핵융합을 통해 에너지가 만들어집니다. 이 에너지가 표면에 이르면 원시별은 스스로 빛을 내기 시작합니다. 새로운 별이 태어난 것입니다.

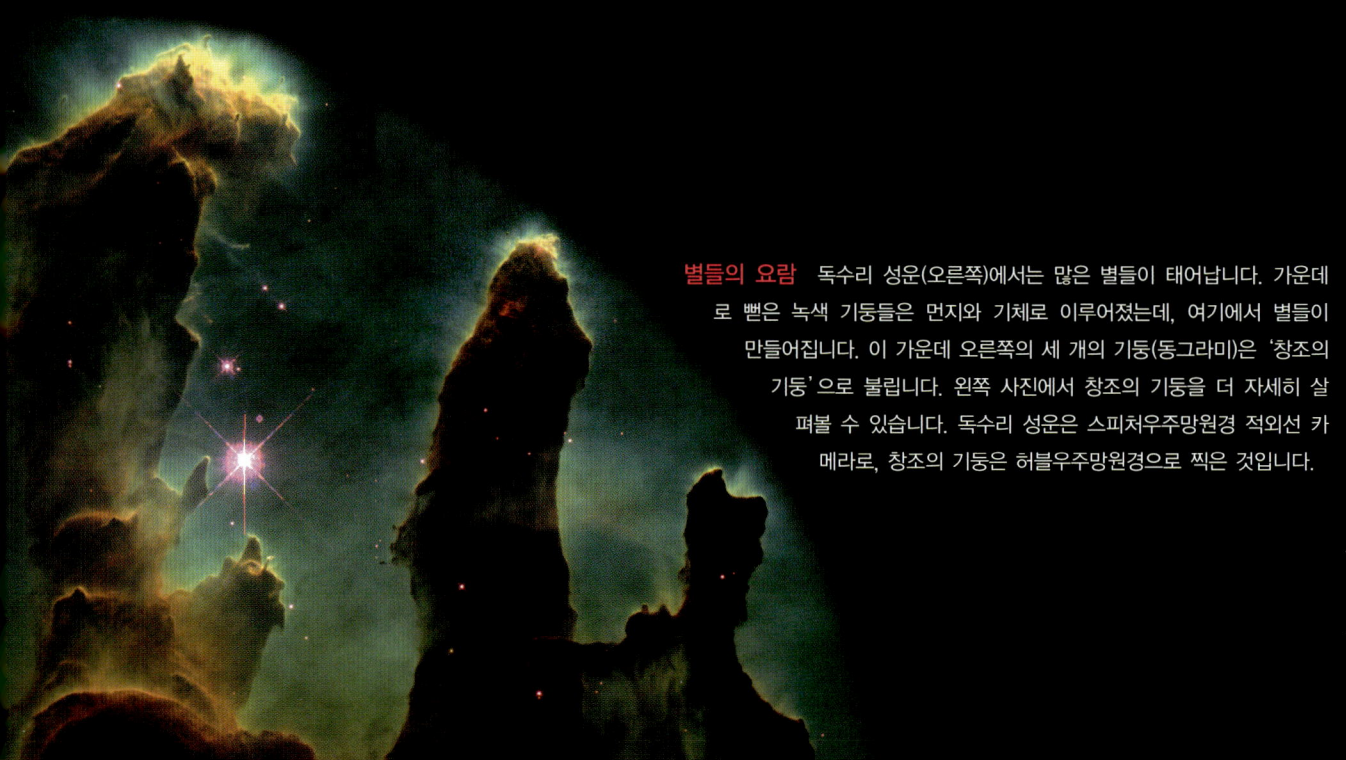

별들의 요람 독수리 성운(오른쪽)에서는 많은 별들이 태어납니다. 가운데로 뻗은 녹색 기둥들은 먼지와 기체로 이루어졌는데, 여기에서 별들이 만들어집니다. 이 가운데 오른쪽의 세 개의 기둥(동그라미)은 '창조의 기둥'으로 불립니다. 왼쪽 사진에서 창조의 기둥을 더 자세히 살펴볼 수 있습니다. 독수리 성운은 스피처우주망원경 적외선 카메라로, 창조의 기둥은 허블우주망원경으로 찍은 것입니다.

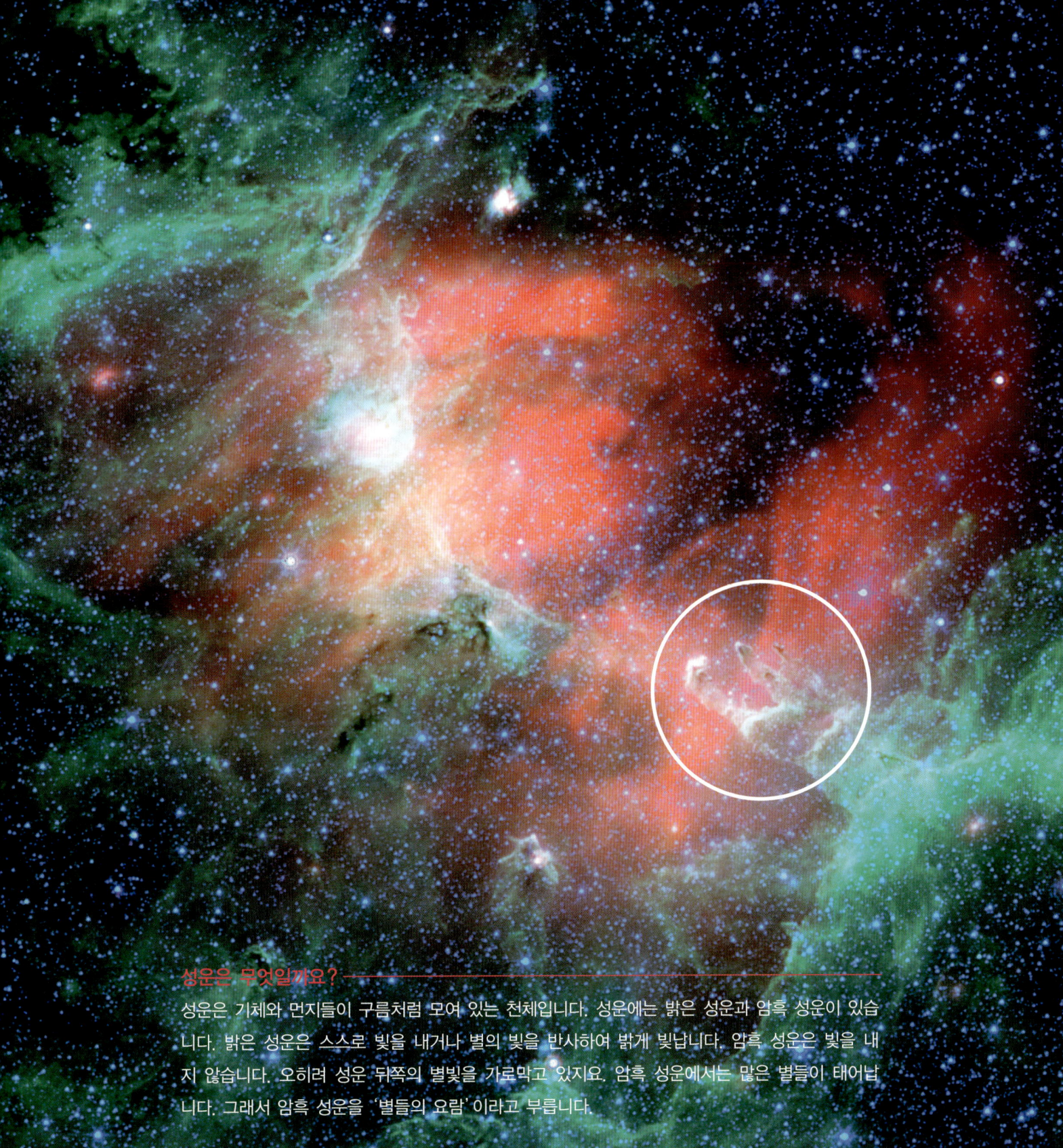

성운은 무엇일까요?
성운은 기체와 먼지들이 구름처럼 모여 있는 천체입니다. 성운에는 밝은 성운과 암흑 성운이 있습니다. 밝은 성운은 스스로 빛을 내거나 별의 빛을 반사하여 밝게 빛납니다. 암흑 성운은 빛을 내지 않습니다. 오히려 성운 뒤쪽의 별빛을 가로막고 있지요. 암흑 성운에서는 많은 별들이 태어납니다. 그래서 암흑 성운을 '별들의 요람'이라고 부릅니다.

우리의 별, 태양 태양은 지구에서 가장 가까운 별입니다. 태양은 중간 정도의 크기와 밝기를 가진 별이지요. 태양은 약 46억 년 전에 태어났고 앞으로 50억 년 동안 더 빛날 수 있습니다. 이 사진은 태양 관측 위성 소호에서 찍었습니다. 태양은 원래 흰빛이나 노란빛을 띠지만, 이 사진은 붉은색의 파장으로 찍었기 때문에 태양이 붉은색으로 나타났습니다. 태양의 오른쪽으로 커다란 홍염이 솟구치고 있습니다.

별은 핵에서 수소를 태우며 빛을 냅니다. 핵은 별의 중심에 있습니다. 핵의 온도는 별의 크기에 따라 1000만 도에서 5억 도에 이릅니다. 이곳에서 핵융합 반응이 일어나 에너지를 만들고 이 에너지가 별을 스스로 빛나게 합니다.

별의 수명은 질량에 따라 달라집니다. 질량이 클수록 별은 빨리 죽습니다. 그만큼 빛을 많이 내야 하기 때문입니다. 빛을 많이 내려면 수소를 많이 태워야 하지요. 그러면 별의 연료인 수소가 금방 닳아 버리므로 별의 수명이 짧아집니다.

핵융합 반응은 무엇일까요?

별의 핵에서 네 개의 수소 핵이 합쳐져 한 개의 헬륨 핵으로 변합니다. 여러 개의 핵이 합쳐지는 이 현상을 핵융합이라고 합니다. 그런데 헬륨 핵 한 개보다 수소 핵 네 개의 질량이 더 큽니다. 핵융합 과정에서 질량이 줄어든 것입니다. 이때 줄어든 질량이 바로 별의 에너지가 됩니다. 핵융합 과정을 통해 별의 핵에서는 엄청난 양의 에너지가 만들어집니다.

별은 영원히 빛나지 않습니다. 핵에서 태울 수소가 다 닳으면, 별은 늙어 가고 마침내 죽게 됩니다. 별의 질량에 따라 별이 늙어 가는 모습이 달라집니다.

태양과 비슷한 질량의 별은 크기가 50배 이상 커집니다. 크기가 커지면서 온도는 낮아집니다. 그래서 노란색으로 빛나던 별은 붉은색으로 변합니다. 이 단계의 별을 적색거성이라고 합니다.

별의 핵에서 더 이상 에너지를 만들지 못하게 되면, 적색거성은 행성상 성운을 퍼뜨리고 하얗고 작은 백색왜성이 됩니다. 백색왜성은 크기는 작지만 밀도는 매우 높습니다. 시간이 흐르면 백색왜성도 천천히 식어서 새까맣고 작은 흑색왜성이 됩니다. 흑색왜성은 빛을 내지 않습니다. 별이 죽음을 맞은 것입니다.

우주의 커다란 눈 물병자리의 나선 성운은 가장 아름다운 행성상 성운 가운데 하나입니다. 행성상 성운은 태양과 같은 크기의 별이 적색거성 단계를 끝낼 때쯤 만들어집니다. 지구나 목성 같은 행성과는 아무런 관계가 없지요. 적색거성 단계의 늙은 별은 에너지를 고르게 만들어 내지 못합니다. 별이 만들어 낸 불규칙한 에너지 양에 따라 별의 크기도 커지고 작아지기를 반복합니다. 에너지가 많이 만들어져 별이 부풀어 오르면, 별을 이루던 물질이 밖으로 빠져나갑니다. 이 물질이 별 주위를 둘러싸며 행성상 성운을 이룹니다.

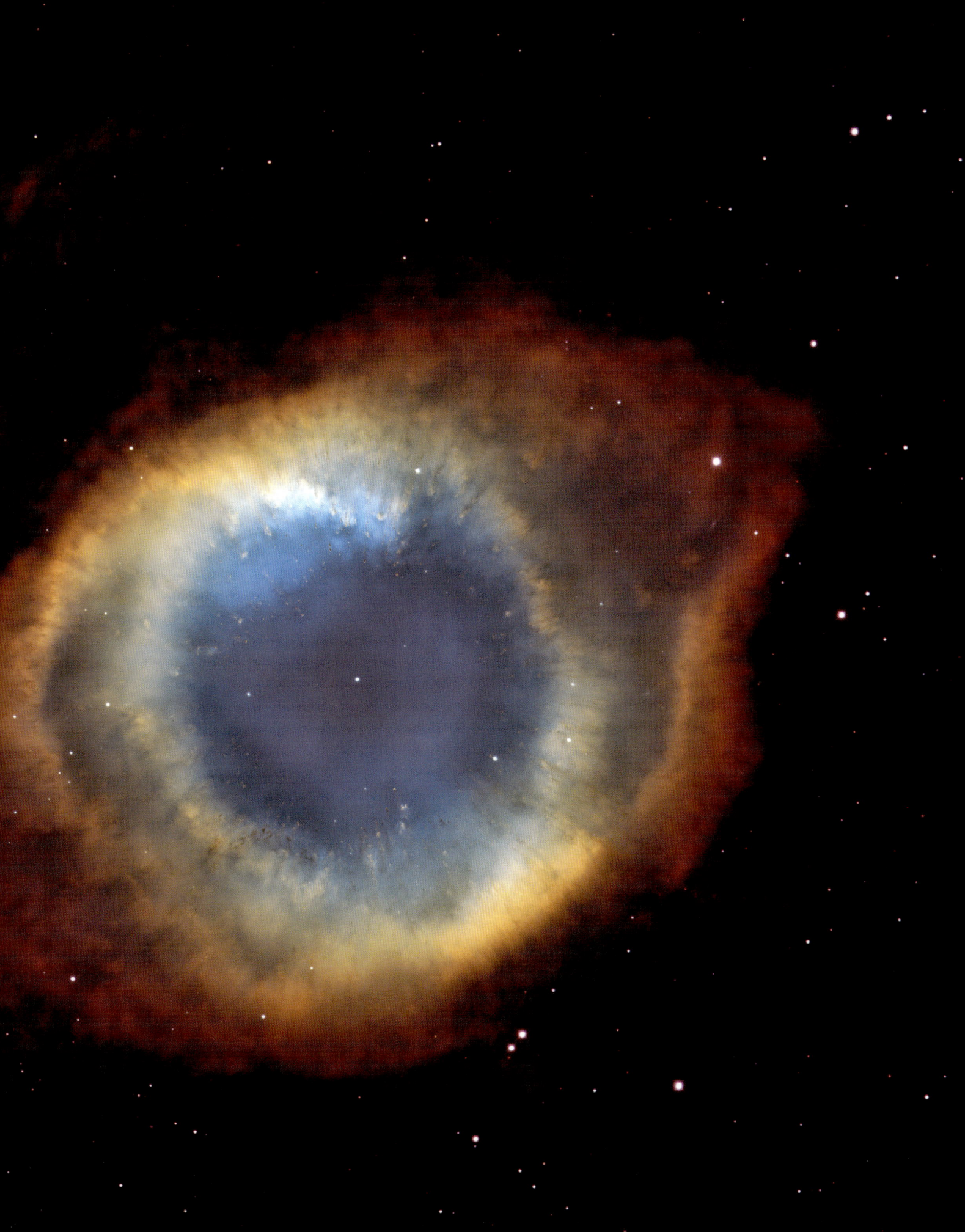

태양보다 무거운 별도 늙으면 굉장히 커집니다. 이런 별을 적색초거성이라고 합니다. 적색초거성은 점점 커지다가 갑자기 폭발하는데 이렇게 폭발한 별을 초신성이라고 합니다. 초신성은 매우 밝습니다. 폭발한 뒤 며칠 동안, 우리 은하 전체에서 내는 것과 맞먹는 빛을 냅니다.

별이 폭발할 때, 별을 이루던 물질은 거의 우주 공간으로 흩어집니다. 그리고 중심에 남아 있는 물질은 점점 수축하여 중성자별이 됩니다. 중성자별은 지름이 10~20킬로미터인 작은 천체입니다. 그러나 밀도는 굉장히 높습니다.

이보다 질량이 더 큰 별은 초신성으로 폭발한 뒤에 블랙홀이 됩니다.

커다란 별의 죽음 아메리카 원주민들과 중국인들의 옛 기록에 의하면, 1054년에 황소자리에 있던 별이 갑자기 환하게 빛났다고 합니다. 늙은 별이 폭발한 것입니다. 별은 폭발하며 커다란 흔적을 남겼습니다. 그 모습이 게를 닮아서 게 성운이라고 합니다. 앞으로 약 1000년이 더 지나면 이 흔적은 다 사라지고 중성자별만 남게 될 것입니다.
별이 죽어 갈 때 우주로 퍼진 물질은 식어서 성운이 되고 이것은 주변의 다른 성운과 뭉쳐 더 큰 성운이 됩니다. 성운에서 다시 별과 행성계가 만들어집니다.

은하 중심의 블랙홀 센타우루스A 은하의 중심에는 거대한 블랙홀이 있습니다. 행성이나 별이 블랙홀에 빨려 들어가며 빛을 내면 이것으로 블랙홀의 위치와 크기를 알아냅니다. 아주 많은 양의 에너지가 블랙홀에 빨려 들어갈 때면 블랙홀에서 기체가 뿜어져 나오기도 합니다. 이것을 제트라고 합니다. 사진 중간의 밝은 부분에 블랙홀이 있습니다. 블랙홀의 위와 아래로는 제트가 뻗어 나가고 있습니다. 아래쪽의 둥근 돌출부는 기체 구름입니다.

아주 크고 무거운 별들이 죽을 때는 블랙홀이 만들어집니다. 블랙홀은 모든 것을 빨아들이는 천체입니다. 중력이 매우 강하기 때문에 빛까지 빨아들일 수 있습니다.

블랙홀은 빛을 내지 않기 때문에 직접 관찰할 수는 없습니다. 가끔 블랙홀을 발견했다는 기사가 나옵니다. 그러나 이것은 블랙홀을 직접 본 것이 아닙니다. 블랙홀로 빨려 들어가는 물질을 본 것이지요.

중력은 무엇일까요?

중력은 물체가 서로를 끌어당기는 힘입니다. 질량이 클수록 중력은 강해집니다. 달에서는 살짝 뛰어도 높이 오를 수 있지만 지구에서는 그렇지 못합니다. 지구가 달보다 질량이 크고 중력이 강하기 때문입니다. 중성자별의 중력은 지구보다 훨씬 강합니다. 표면에 착륙한 우주선을 납작하게 찌그러뜨릴 수도 있지요. 블랙홀의 중력은 그보다 더 강합니다. 그래서 빠른 속도로 날아가는 빛까지도 끌어당깁니다.

서로의 둘레를 도는 별들 사진 위쪽에서 가장 밝은 천체는 피스미스 24-1입니다. 한때 이 천체는 우주에서 가장 무거운 별 가운데 하나로 알려져 있었습니다. 그러나 허블우주망원경을 통해 하나가 아닌 두 개의 별이 서로의 둘레를 돌고 있다는 것이 밝혀졌습니다. 각 별의 질량은 태양의 약 100배입니다. 현재의 연구 결과를 보면, 별 하나의 질량이 태양의 150배를 넘을 수는 없습니다. 이보다 더 무거운 기체 덩어리는 둥근 공 모양을 이루지 못하고 흩어지게 됩니다.

우주에는 다양한 나이, 색깔, 크기, 밝기를 가진 별들이 있습니다. 이 가운데 많은 별이 서로 이웃하고 있습니다. 이것을 쌍성이라고 합니다. 가까운 곳에 있는 두 별의 중력이 서로를 끌어당기고 있는 것입니다.

어떤 별들은 밝기가 변합니다. 이런 별은 변광성이라고 부릅니다. 밝기가 변하는 이유는 두 가지입니다. 첫 번째는 스스로 변하는 경우입니다. 갓 태어난 별과 늙은 별의 크기는 자주 변합니다. 그에 따라 밝기도 달라집니다. 두 번째는 밝기가 다른 두 별이 공전하며 서로를 가리는 경우입니다. 한 별이 다른 별의 앞을 가로막아서 별빛이 변하는 것처럼 보입니다.

별을 이어 모양을 만들면 별자리가 돼요!

별자리는 밤하늘의 별들을 이어서 모양을 만들고 이름을 붙인 것입니다. 옛사람들은 별들을 이어 상상의 모양을 만들었습니다. 그리고 그 모양에 따라 동물, 이야기 속 인물, 물건의 이름을 붙였습니다. 대표적인 별자리로 북두칠성, 큰곰자리, 작은곰자리, 헤라클레스자리, 궁수자리, 물고기자리 등이 있습니다.

성단보다 더 큰 별들의 무리입니다. 은하에는 적게는 수백만 개에서 많게는 1조 개의 별들이 모여 있습니다.

우주에는 약 1000억 개의 은하가 있습니다. 1000억 개의 은하에는 보통 1000억 개 이상의 별이 있습니다. 한번 상상해 보세요. 우주에는 어마어마하게 많은 별이 있다는 것을 알 수 있지요?

성단, 별들의 무리 센타우루스자리에 있는 구상 성단 NGC5139입니다. NGC5139는 1000만 개 이상의 별이 모여 있는 커다란 구상 성단입니다. 지름이 150광년이나 되지요. 120억 년 전에 만들어진 오래된 성단이기도 합니다. NGC5139는 지구에서 약 1만 8000광년 떨어져 있습니다. 지구 남반구에서는 맨눈으로 볼 수 있습니다. 이 사진은 칠레의 라실라에 있는 유럽남천문대에서 촬영했습니다.

지구 밖에서 별을 보다 허블우주망원경은 지구 밖 우주 공간에서 별을 관측합니다. 우주 공간에서는 천체를 보다 정확하게 볼 수 있습니다. 지구에서는 공기가 별빛이 나아가는 것을 방해하지만 우주에서는 그렇지 않기 때문입니다. 허블우주망원경의 이름은 미국의 천문학자 에드윈 허블의 이름을 따서 지었습니다. 허블우주망원경은 1990년에 관측을 시작했고 수많은 천체 사진을 찍어 천문학 발전에 크게 기여했습니다.

우리가 밤하늘에서 맨눈으로 볼 수 있는 별은 약 2000여 개입니다. 그리고 밤하늘 저 너머에는 셀 수 없을 만큼 많은 별이 있습니다. 아주 오래전에 만들어진 별도 있고 지금 태어나고 있는 별도 있습니다. 우리는 이 별들이 보낸 빛으로 우주의 크기와 역사를 알아냅니다. 별빛을 통해 우주의 신비를 풀어 가고 있는 거랍니다.

| 자세히 읽는 별 이야기 |

별 우주의 반짝이는 보석

별은 스스로 빛을 내는 천체입니다. 별은 공 모양의 기체 덩어리입니다. 별의 핵에서 핵융합을 하며 엄청난 양의 에너지를 만들고, 이 에너지가 별을 빛나게 합니다. 우주에는 수많은 별들이 있습니다. 이 가운데에서 똑같은 별을 찾기는 어렵습니다. 별마다 크기, 나이, 색깔, 밝기가 다릅니다. 별은 어마어마하게 크지만 아주 멀리 있어서 작은 점으로 보입니다. 지구에서 가장 가까운 별은 태양입니다.

수많은 별들 산개 성단 NGC290입니다. 산개 성단의 별들은 같은 시기, 같은 곳에서 만들어집니다. 그러나 별들의 질량, 크기, 색깔은 다양합니다. 보통 푸른색의 별은 질량이 크고 표면 온도가 높습니다. 붉은색의 별은 그보다 질량이 작고 온도가 낮습니다. NGC290은 소마젤란 은하에 있고 지구에서는 20만 광년 떨어져 있습니다.

가벼운 별, 무거운 별

성운에서 기체와 먼지가 모인 덩어리가 점점 자라 별이 됩니다. 이때, 기체 덩어리의 질량이 태양의 100분의 8 이상 되어야 합니다. 수소가 헬륨으로 바뀌는 핵융합이 일어나려면 별 중심의 온도가 최소한 300만 도를 넘어야 합니다. 그런데 별의 질량이 태양의 100분의 8은 되어야 그 중심에서 300만 도 이상의 열을 낼 수 있습니다. 이렇게 질량이 작은 별은 왜성이라고 합니다. 질량이 태양의 10~70배가 되는 별은 초거성이라고 부릅니다. 초거성은 태양보다 3만 배 이상 밝습니다. 태양의 100~150배 되는 질량을 가진 별은 극대거성이라 부릅니다. 극대거성은 태양보다 수백만 배나 밝습니다.

질량에 따라 달라지는 수명

별이 빛을 내기 시작하면 태어났다고 하고 더 이상 빛을 내지 않으면 죽었다고 합니다. 별이 빛을 내는 기간이 별의 수명이 되는 것입니다. 별의 질량에 따라 별의 수명이 달라집니다. 무거운 별은 빨리 죽고 가벼운 별은 오래 삽니다. 질량이 클수록 별의 크기가 커지고 많은 빛을 내기 때문에 수명은 짧아지는 것입니다. 태양 질량의 100배쯤 되는 무거운 별의 수명은 100만 년입니다. 이에 비해 태양과 비슷한 질량을 가진 별의 수명은 약 100억 년입니다. 태양보다 가벼운 별은 이보다 훨씬 오래 살 수 있습니다.

모습을 바꾸는 별

별은 태어난 후 죽을 때까지 여러 단계의 변화를 거칩니다. 갓 태어난 별은 크기와 밝기가 자주 변합니다. 시간이 더 지나면 별의 크기와 밝기가 일정해지는데, 이 단계를 주

행성상 성운 태양과 같은 질량의 별이 늙으면, 별의 물질이 흩어지며 행성상 성운이 만들어집니다. NGC6543은 고양이 눈 성운이라고 불립니다.

계열성이라고 합니다. 주계열성 단계의 별은 핵융합 반응을 통해 에너지를 만들고 이 에너지로 빛을 냅니다. 별은 일생의 대부분을 주계열성으로 지냅니다. 현재의 태양도 주계열성입니다. 주계열성 이후 별의 일생은 질량에 따라 차이가 납니다. 질량이 작은 별은 대체로 조용히 살다가 죽지만, 질량이 큰 별의 삶은 보다 복잡합니다. 핵융합 반응 때문입니다. 질량이 작은 별에서는 수소가 헬륨으로 바뀌는 핵융합 반응만 일어납니다. 그러나 질량이 큰 별은 핵융합 반응으로 만들어진 헬륨이 다시 탄소, 산소, 질소 등 더 무거운 원소로 만들어지는 핵융합 과정도 거치게 됩니다. 이처럼 다양한 핵융합 과정을 거치는 경우, 단계 변화에 따라 별의 특성도 변합니다.

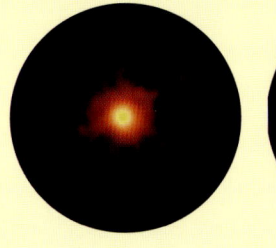

적색왜성 프록시마는 질량이 작고 온도가 낮아서 붉게 빛납니다.

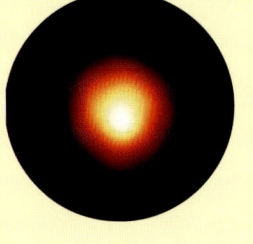

적색거성 베텔게우스는 태양 지름의 900배나 되는 거대한 별입니다.

청색거성 알키오네는 표면 온도가 1만 3000도에 이르는 푸른색 별입니다.

별들의 무리

많은 별들이 성운에서 동시에 태어납니다. 갓 태어난 별들은 한곳에 몰려 성단을 이룹니다. 성단은 모양에 따라 산개 성단과 구상 성단으로 나눕니다. 구상 성단은 수만 개에서 수백만 개의 별들이 모여 공 모양을 이루고 있는 것입니다. 구상 성단은 매우 오래 전에 만들어졌습니다. 별이 많은 만큼 중력도 강해서 수십만 개의 별들이 서로를 당기며 서로가 흩어지지 않도록 묶어 둡니다. 산개 성단은 수십 개에서 수천 개의 별들로 구성되는데 모양이 일정하지 않습니다. 산개 성단의 별들은 오랜 시간이 흐르면 완전히 흩어져 더 이상 성단이라 부를 수 없게 됩니다. 은하에는 성단과 많은 천체들이 모여 있습니다. 은하도 모양에 따라 타원 은하, 나선 은하, 불규칙 은하로 나눕니다. 은하의 크기와 그 안에 있는 별의 수는 다양합니다. 작은 은하에는 수천만 개의 별들이 모여 있고, 큰 은하에는 약 1조 개의 별들이 모여 있습니다.

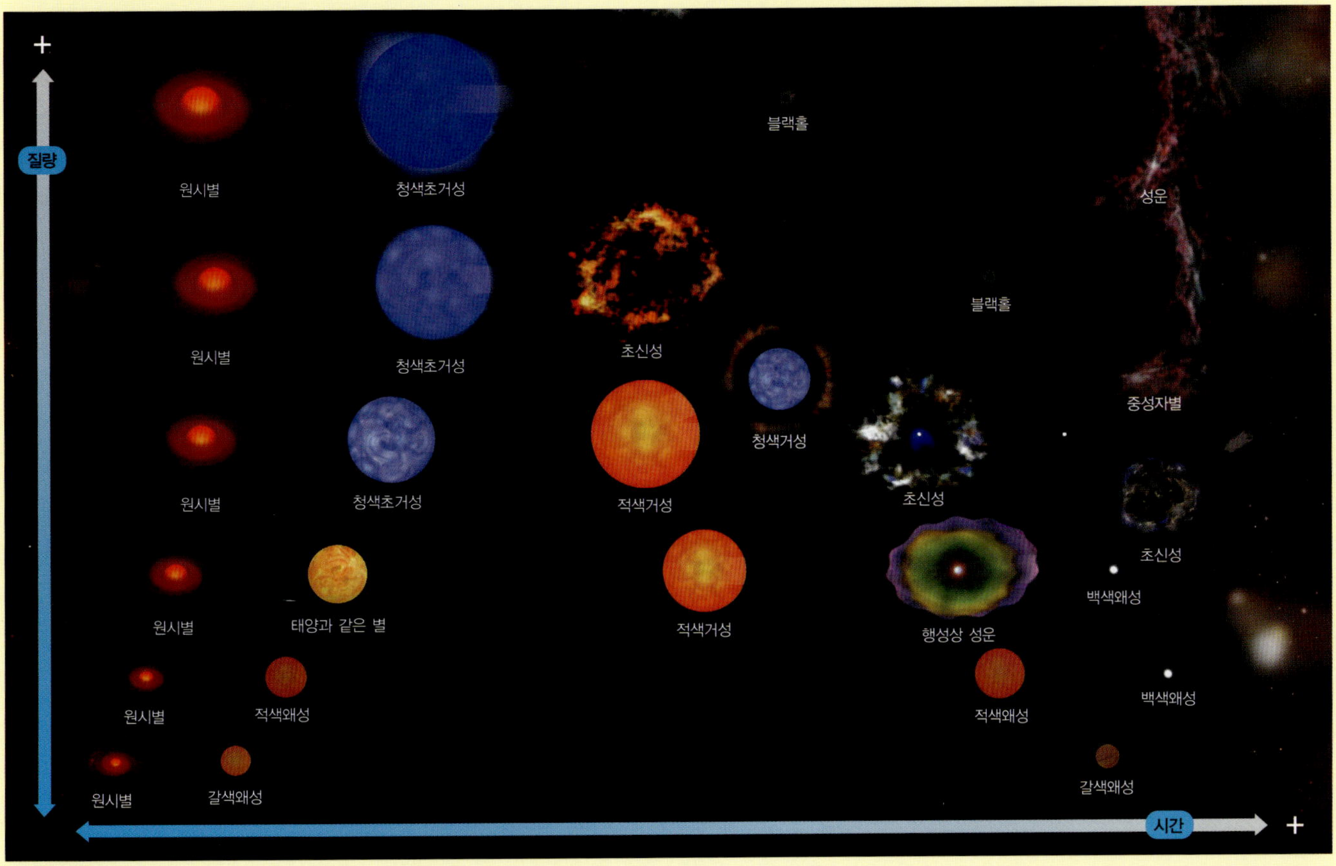

별의 질량과 별의 수명 별의 질량에 따라 별의 수명이 정해집니다. 아래에서 위로 갈수록 질량이 큰 별들입니다. 가로는 질량에 따른 별들의 수명과 진화 단계를 보여 줍니다. 별들은 성운에서 태어나고 별로서의 일생을 끝내고 나면 산산이 흩어져 다시 성운을 이룹니다.

김봉규

1959년 대구에서 태어났습니다. 경북대학교에서 물리학을 공부하고 서울대학교 대학원에서 천문학을 공부했습니다. 일본 나고야대학에서는 천체물리학 박사 학위를 받았습니다. 한국천문연구원 천문정보연구그룹장과 대덕전파천문대 대장을 지냈습니다. 지은 책으로 『과학 교사를 위한 현대천문학 강좌』(공저)가 있습니다.

김봉규 선생님은 대구시립도서관에서 우주에 대한 비디오를 본 뒤, 천문학자가 되기로 결심했습니다. 아르바이트를 해서 모은 돈으로 직접 망원경을 만들고 전 세계를 여행하며 천체 사진을 찍기도 했습니다. 지금은 한국천문연구원 전파천문연구본부장을 맡아 서울과 울산 그리고 제주에 설치한 세 대의 전파 망원경 사업을 총괄하고 있습니다. 이 세 대의 망원경으로 동시에 한 천체를 관측하면 한반도 크기만 한 망원경으로 바라보는 것처럼 천체를 자세하게 볼 수 있습니다. 서울에서 한라산 꼭대기에 있는 개미를 관찰할 정도로 정밀한 관측을 하게 되는 거랍니다.

사진 저작권과 사진 출처

이 책을 만드는 데 필요한 사진을 제공해 주신 모든 단체와 개인들에게 감사드립니다.

2-3쪽 이상희; 4-5쪽 NASA, ESA and AURA/Caltech; 6-7쪽 NASA/JPL-Caltech/Potsdam Univ.; 8-9쪽 NASA, ESA and H.E. Bond (STScI); 10-11쪽 Don Figer (Space Telescope Science Institute) and NASA; 12-13쪽 N. Smith (University of California, Berkeley) and NOAO/AURA/NSF; 14-15쪽 독수리 성운(오른쪽) NASA/JPL-Caltech/N. Flagey (IAS/SSC) & A. Noriega-Crespo (SSC/Caltech), 창조의 기둥(왼쪽) NASA, ESA, STScI, J. Hester and P. Scowen (Arizona State University); 16-17쪽 SOHO (ESA & NASA); 18-19쪽 NASA, ESA, C.R. O'Dell (Vanderbilt University), M. Meixner and P. McCullough (STScI); 20-21쪽 NASA, ESA, J. Hester and A. Loll (Arizona State University); 22-23쪽 X-ray: NASA/CXC/CfA/R.Kraft et al.; Submillimeter: MPIfR/ESO/APEX/A.Weiss et al.; Optical: ESO/WFI; 24-25쪽 NASA, ESA, and J. Maiz Apellaniz (Instituto de Astrofisica de Andalucia, Spain); 26-27쪽 ESO; 28-29쪽 허블우주망원경 NASA/STScI, 지구 대기 Image Science & Analysis Laboratory, NASA Johnson Space Center; 30-31쪽 수많은 별들 European Space Agency & NASA, 행성상 성운 J.P. Harrington and K.J. Borkowski (University of Maryland), and NASA, 적색왜성 NASA/CXC/SAO, 적색거성 Andrea Dupree (Harvard-Smithsonian CfA), Ronald Gilliland (STScI), NASA and ESA, 청색거성 NASA, ESA and AURA/Caltech, 별의 질량과 별의 수명 NASA/CXC/M.Weiss; 앞표지 외뿔소자리 V838 본문 8-9쪽과 동일; 속표지 청색거성 알키오네 정보면 31쪽과 동일; 뒤표지 물병자리 나선성운 본문 18-19쪽과 동일

*NASA: 미국항공우주국 ESO: 유럽남천문대 JPL: 나사제트 연구소 STScI: 허블우주망원경 천체 관측 모임

열린어린이 우주 캠프 2
OPENKID SPACE CAMP

별—우주의 반짝이는 보석
김봉규 지음

초판 1쇄 인쇄 2010년 5월 12일 | 초판 1쇄 발행 2010년 5월 27일
펴낸이 김덕균 | 펴낸곳 열린어린이
책임편집 편은정 | 편집 서윤정 김정미 | 디자인 이은주 | 관리 권문혁 김미연
출판등록 제10-2296호 | 주소 121-898 서울시 마포구 동교동 198-22 승남빌딩 2층 | 전화 02)326-1284 | 전송 02)325-9941

© 김봉규, 열린어린이 2010

ISBN 978-89-90396-75-4 74440
ISBN 978-89-90396-73-0 (세트)

값 12,000원

이 책은 저작권법에 따라 보호받는 저작물이므로 무단 전재와 복제를 금하며,
이 책 내용의 전부 또는 일부를 재사용하려면 반드시 열린어린이의 서면 동의를 받아야 합니다.